**Bibliografische Information der Deutschen Nationalbibliothek:**

Die Deutsche Bibliothek verzeichnet diese Publikation in der Deutschen National-bibliografie; detaillierte bibliografische Daten sind im Internet über http://dnb.d-nb.de/ abrufbar.

**Impressum:**

Copyright © 2018 GRIN Verlag
Druck und Bindung: Books on Demand GmbH, Norderstedt Germany
ISBN: 9783346128959

**Dieses Buch bei GRIN:**

https://www.grin.com/document/536524

Anonym

# Konzept zur Prävention von Muskel- und Skeletterkrankungen bei Erwachsenen im Erwerbsalter

GRIN Verlag

**GRIN - Your knowledge has value**

Der GRIN Verlag publiziert seit 1998 wissenschaftliche Arbeiten von Studenten, Hochschullehrern und anderen Akademikern als eBook und gedrucktes Buch. Die Verlagswebsite www.grin.com ist die ideale Plattform zur Veröffentlichung von Hausarbeiten, Abschlussarbeiten, wissenschaftlichen Aufsätzen, Dissertationen und Fachbüchern.

**Besuchen Sie uns im Internet:**

http://www.grin.com/

http://www.facebook.com/grincom

http://www.twitter.com/grin_com

Deutsche Hochschule für

Prävention und Gesundheitsmanagement

Hermann Neuberger Sportschule 3

66123 Saarbrücken

# Einsendeaufgabe

| | |
|---|---|
| **Fachmodul:** | Gesundheitsmanagement im Sport |
| **Studiengang:** | Sportökonomie |
| **Studienort:** | **Hamburg** |
| **Semester:** | **WS/2015** |

# Inhaltsverzeichnis

# 1    Bedarfsanalyse

Konzept zur Prävention von Muskel- und Skeletterkrankungen bei Erwachsenen im Erwerbsalter durch gesundheitssportliche Aktivität

## 1.1  Bewegungsempfehlungen und Bewegungsverhalten

Für einen Erwachsenen wird Empfohlen sich 2,5 Stunden pro Woche zu bewegen. Die
Bewegung sollte in Form von Alltagsaktivität oder Sport in mittlerer Intensität erfolgen.
Die Alternativempfehlung ist Bewegung bzw. Sport mit hoher Intensität, mit einem Zeit-
ausmaß von 1,25 Stunden die Woche zu absolvieren. Eine Kombination aus verschiede-
nen Intensitäten und Bewegungen sind ebenfalls effektiv. 10 Minuten Bewegung mit hoher Intensität ist vom selben Nutzen, wie Bewegung bei mittlerer Intensität in einen Zeit-
rahmen von 20 Minuten (Gesundheitswirksame Bewegung, 2013).

Um den gesundheitlichen Nutzen auszubauen, kann der Bewegungsumfang auf 5 Stunden
pro Woche auf eine mittlere Intensität ausgebaut werden. Der gleiche Nutzen ist auch bei
hoher Intensität mit einem Zeitumfang von 2,5 Stunden. Eine Beanspruchung der großen
Muskelgruppen wird an mindestens 2 Tagen in der Woche empfohlen. Das Muskelkraft-
training sollte auf mittlerer oder hoher Intensität durchgeführt werden (Titze et al., 2010).
Regelmäßige körperliche Aktivität reduziert die Entstehung chronischer Erkrankungen.
Ein großer gesundheitlicher Nutzen entsteht auch dann, wenn eine Person, die überhaupt
nicht Körperlich aktiv ist, nur eine geringe körperliche Aktivität ausübt.

Jegliche Vermeidung von Bewegungsmangel zählt als Gesundheitsfördernd bei inaktiven
Menschen. Langanhaltende Sitzphasen sollte ein Erwachsener vermeiden und versuchen
aus einer längeren Sitzphase körperlich aktiv zu werden. Jede Steigerung der Mindestem-
pfehlung von körperlicher Aktivität ermöglichen einem Erwachsenen positive gesundheitliche Effekte (Pfeifer et al., 2017, S.32).

Bei dem Ergebnis der Studie zur Gesundheit Erwachsener in Deutschland wird deutlich,
dass die meisten Menschen nicht der Empfehlung von 2,5 h am Tag körperlich aktiv zu
sein nachgehen. Bei der gewählten Zielgruppe (30-40 Jahre) sind es über 80 % die behaupten nicht mehr als 2,5 h in der Woche körperlich aktiv zu sein. (Abb. 3)

Nur ca. ¼ der befragten 30 bis 39 jährigen Frauen geben an, stark bis sehr stark auf ausreichende Bewegung zu achten (Abb. 1). Da die gewählte Zielgruppe einen akademischen Abschluss besitzt (Tab. 3), wird davon ausgegangen, dass diese im Sozialstatus als „Hoch" eingestuft werden. Im Durchschnitt behaupten 42,7 % der befragten Frauen aus einem hohen Sozialstatus, dass sie auf ausreichende Bewegung und körperliche und sportliche Aktivität achten. Im Vergleich sind im mittleren und niedrigen Sozialstatus weniger Frauen die stark/sehr stark auf ausreichende Bewegung achten, als Frauen im hohen Sozialstatus (Abb. 2). Gründe dafür können sein, dass Frauen im hohen Sozialstatus eher eine Mitgliedschaft in einem Sportstudio besitzen als Frauen in einem niedrigen Sozialstatus. Durch einen hohen Sozialstatus ist man finanziell besser aufgestellt und man ist unternehmensfreudiger. Menschen in einen niedrigen Sozialstatus können sich weniger leisten, verzichten eher auf Unternehmungen und sind weniger körperlich aktiv. Dadurch dass keine Angaben zum Alter im Sozialstatus angegeben werden, ist nicht bestätigt, dass es zur gewählten Zielgruppe passt.

| Tab. 1 „Achten auf ausreichende Bewegung" – Häufigkeiten nach Geschlecht und Altersgruppen in Prozent (95%-Konfidenzintervall) | | | | | | | | |
|---|---|---|---|---|---|---|---|---|
| Ge-schlecht | Kategorie | Altersgruppen in Jahren | | | | | | Gesamt |
| | | 18 bis 29 | 30 bis 39 | 40 bis 49 | 50 bis 59 | 60 bis 69 | 70 bis 79 | |
| Frauen | Gering (Wenig/gar nicht) | 29,7 (25,2–34,6) | 32,5 (27,3–38,1) | 24,7 (21,3–28,5) | 25,8 (22,0–30,1) | 14,3 (11,3–18,1) | 17,0 (13,5–21,2) | 24,5 (22,7–26,3) |
| | Teils/teils | 42,6 (38,1–47,2) | 41,8 (36,8–46,9) | 45,2 (40,8–49,7) | 40,8 (37,1–44,7) | 44,7 (40,5–49,1) | 41,2 (36,8–45,7) | 42,8 (40,9–44,8) |
| | Stark (Stark/sehr stark) | 27,7 (23,9–32,0) | 25,8 (21,4–30,6) | 30,1 (26,5–33,9) | 33,3 (29,4–37,5) | 40,9 (36,7–45,3) | 41,8 (36,8–47,0) | 32,7 (30,9–34,6) |
| Männer | Gering (Wenig/gar nicht) | 20,1 (16,6–24,1) | 31,0 (26,3–36,2) | 31,3 (26,9–35,9) | 22,3 (18,9–26,0) | 17,5 (14,0–21,6) | 11,7 (8,6–15,6) | 23,3 (21,5–25,1) |
| | Teils/teils | 39,9 (34,7–45,2) | 37,4 (32,2–42,9) | 38,4 (34,3–42,7) | 44,6 (40,5–48,7) | 37,7 (32,7–43,1) | 36,0 (30,9–41,5) | 39,4 (37,2–41,5) |
| | Stark (Stark/sehr stark) | 40,1 (34,8–45,6) | 31,6 (26,6–37,0) | 30,3 (26,4–34,5) | 33,1 (29,1–37,3) | 44,8 (39,7–50,1) | 52,3 (46,6–57,9) | 37,4 (35,4–39,4) |
| Gesamt | Gering (Wenig/gar nicht) | 24,8 (21,8–28,0) | 31,7 (28,0–35,7) | 28,0 (25,2–31,1) | 24,1 (21,4–27,0) | 15,9 (13,5–18,5) | 14,6 (12,3–17,3) | 23,9 (22,6–25,3) |
| | Teils/teils | 41,2 (37,7–44,8) | 39,6 (35,9–43,4) | 41,8 (38,7–44,9) | 42,7 (39,9–45,6) | 41,3 (37,8–44,9) | 38,9 (35,4–42,5) | 41,1 (39,6–42,6) |
| | Stark (Stark/sehr stark) | 34,1 (30,5–37,8) | 28,7 (25,2–32,4) | 30,2 (27,4–33,1) | 33,2 (30,4–36,2) | 42,8 (39,3–46,4) | 46,5 (42,5–50,6) | 35,0 (33,7–36,4) |

Abb. 1: Achten auf ausreichende Bewegung (Krug et al., 2013, S. 766)

| Tab. 2 „Achten auf ausreichende Bewegung, körperliche und sportliche Aktivität" – Häufigkeiten nach Sozialstatus in Prozent (95%-Konfidenzintervall) | | | | | |
|---|---|---|---|---|---|
| Variable | Ge-schlecht | Kategorie | Sozialstatus | | |
| | | | Niedrig | Mittel | Hoch |
| Achten auf Bewegung n_ungewichtet=7721 | Frauen | Gering (wenig/gar nicht) | 30,9 (26,8–35,3) | 24,5 (22,3–26,8) | 16,9 (14,0–20,2) |
| | | Teils/teils | 42,7 (38,7–46,8) | 43,5 (41,2–46,0) | 40,4 (36,3–44,5) |
| | | Stark (stark/sehr stark) | 26,4 (23,0–30,1) | 32,0 (29,8–34,2) | 42,7 (38,6–47,0) |
| | Männer | Gering (wenig/gar nicht) | 26,9 (22,4–31,9) | 23,9 (21,6–26,5) | 18,7 (16,1–21,7) |
| | | Teils/teils | 39,0 (33,6–44,8) | 40,9 (38,1–43,7) | 35,7 (32,4–39,3) |
| | | Stark (stark/sehr stark) | 34,1 (28,9–39,7) | 35,2 (32,7–37,7) | 45,5 (41,9–49,2) |

Abb. 2: Achten auf ausreichende Bewegung, körperliche und sportliche Aktivität (Krug et al., 2013, S. 768)

4

**Tab. 3** „Körperliche Aktivität" – Häufigkeiten nach Geschlecht und Altersgruppen in Prozent (95%-Konfidenzintervall)

| Ge-schlecht | Kategorie | Altersgruppe in Jahren | | | | | | Gesamt |
|---|---|---|---|---|---|---|---|---|
| | | 18 bis 29 | 30 bis 39 | 40 bis 49 | 50 bis 59 | 60 bis 69 | 70 bis 79 | |
| Frauen | Weniger als 2,5 h/ Woche | 81,6 (77,4–85,1) | 87,7 (84,1–90,5) | 83,0 (80,1–85,5) | 84,5 (81,1–87,4) | 83,2 (79,4–86,4) | 89,0 (85,0–92,0) | 84,5 (83,2–85,7) |
| | Mindestens 2,5 h/ Woche | 18,4 (14,9–22,6) | 12,3 (9,5–15,9) | 17,0 (14,5–19,9) | 15,5 (12,6–18,9) | 16,8 (13,6–20,6) | 11,0 (8,0–15,0) | 15,5 (14,3–16,8) |
| Männer | Weniger als 2,5 h/ Woche | 58,7 (53,5–63,7) | 73,0 (67,4–77,9) | 77,3 (73,2–81,0) | 79,5 (75,9–82,7) | 80,7 (76,3–84,4) | 83,5 (79,4–87,0) | 74,6 (72,5–76,6) |
| | Mindestens 2,5 h/ Woche | 41,3 (36,3–46,5) | 27,0 (22,1–32,6) | 22,7 (19,0–26,8) | 20,5 (17,3–24,1) | 19,3 (15,6–23,7) | 16,5 (13,0–20,6) | 25,4 (23,4–27,5) |
| Gesamt | Weniger als 2,5 h/ Woche | 69,8 (66,3–73,1) | 80,4 (76,8–83,6) | 80,1 (77,8–82,2) | 82,0 (79,5–84,2) | 82,0 (79,0–84,6) | 86,4 (83,5–89,0) | 79,6 (78,2–80,8) |
| | Mindestens 2,5 h/ Woche | 30,2 (26,9–33,7) | 19,6 (16,4–23,2) | 19,9 (17,8–22,2) | 18,0 (15,8–20,5) | 18,0 (15,4–21,0) | 13,6 (11,0–16,5) | 20,4 (19,2–21,8) |

Abb. 3: Körperliche Aktivität (Krug et al., 2013, S. 768)

## 1.2 Datenlage zum Gesundheitsproblem

Aktuelle Datenlage bei Muskelskeletterkrankungen der Erwachsenen in Deutschland: Der größte Anteil an Fehlzeiten 2017, der durch die Techniker Krankenkasse ermittelt wurde sind 2,82 Tagen pro Versichertem, aufgrund von Muskel-Skelett-Erkrankungen. Im Hinblick auf erkrankungsbedingte Fehlzeiten gab es zum Vorjahr einen leichten Rückgang. Trotzdem war die Erkrankungsgruppe weiterhin, der am meisten vertretene Grund für Fehlzeiten.

Der gesamte durchschnittliche Krankenstand 2017 betrug 4,14 %. Insgesamt gab es einen Fehlzeitenrückgang von 0,8 % von 2016 auf 2017 (Dr. Thomas Grobe, Susanne Steinmann, 2018, S. 2).

Ursachen für Muskel-Skelett-Erkrankungen, wie z.B. Rückenschmerzen, können mit der Arbeit, die ausgeführt wird zusammenhängen (z.b. Körperhaltung, Lastenhandhabung) (S. Sandrock, 2009, S. 52).

Bandscheibenbedingte Erkrankungen der Lendenwirbelsäule entstehen meist durch Heben oder Tragen schwerer Lasten in extremer Rumpfbeugehaltung. Diese sind unter bestimmten Voraussetzungen seit 1993 in Deutschland als Berufskrankheit anerkannt (S. Sandrock, 2009, S 53).

Risikofaktoren für Rückenschmerzen sind auch einseitige statische Tätigkeiten, bei denen eine langandauernde fixierte Haltung eingenommen wird, z.B. an Mikroskop- und Kontrollarbeitsplätzen oder bei Arbeiten ohne Haltungswechsel. Freizeitbeschäftigungen können ebenfalls Gründe für Muskel-Skelett-Erkrankungen sein. Tätigkeiten wie langes Autofahren, Fernsehen, Computernutzung, können durch Fehlhaltungen zum Abbau der Stütz- und Haltemuskulatur führen (S. Sandrock, 2009 S. 54).

Um Risiken der Muskel-Skeletterkrankungen zu senken gibt es präventive Handlungs-
notwendigkeiten:

- Mehr Bewegung: Führt zu Verbesserung der Durchblutung der Wirbelsäulen-
  muskulatur. Es kann außerdem zu Verbesserung der Stimmung führen, sodass
  sich die Schmerzwahrnehmung und Verarbeitung verbessern kann.
- Wissensvermittlung über richtiges Tragen und Heben am Arbeitsplatz bzw.
  außerhalb der Arbeit, um das Verletzungsrisiko zu senken.
- Durch das Einsetzen von Hilfsmitteln, wie Trage- und Stützgurte um Trans-
  port von schweren Gegenständen zu erleichtern und den Rücken zu schonen
  (S. Sandrock, 2009, S. 58).

Die Bundesanstalt für Arbeitsschutz und Arbeitsmedizin schlägt eine individuelle Bera-
tung von Beschäftigten vor. Der Fokus soll dabei auf den Bewegungsapparat und auf die
Früherkennung von Risikofaktoren wie Ernährung und Sport gelegt werden.

Eine andere Idee ist, Individuell angepasste Maßnahmen der Gesundheitsförderung zu
erstellen z.b. Bewegungsprogramme (Bundesanstalt für Arbeitsschutz und Arbeitsmedizin ,2015)

# 2  Wirksamkeit körperlicher Aktivität

In der Folgenden Aufgabe werden zwei wissenschaftliche Forschungsergebnisse recher-
chiert zum Thema Gesundheitliche Wirksamkeit von körperlicher Aktivität bei Erwachsenen im Erwerbsalter.

Tab. 1: wissenschaftliches Forschungsergebnis 1

| Thema | Gesundheitsberichterstattung Körperliche Aktivität |
|---|---|
| Vollständige Quellenan-gabe | Robert Koch-Institut (Hrsg.). (2005). Körperliche Aktivität Themenhefte der Gesundheitsberichterstattung des Bundes Nr. 26, Berlin. Verfügbar unter: http://www.rki.de/DE/Content/Gesundheitsmonitoring/Gesundheitsberichterstattung/GBEDownloadsT/koerperliche_aktivitaet.pdf?__blob=publicationFile |
| Hintergrund und Frage-stellung | Ca. ein Viertel der Chronisch Erkrankten Menschen in den USA, sterben aufgrund von Mangel an regelmäßiger körperlicher Aktivität. Der Maß an körperlicher Aktivität der deutschen Erwachsenen, ist im internationalen Vergleich |

| | |
|---|---|
| | sehr hoch, was ein Grund für die sinkende Sterberate der chronisch erkrankten Menschen in Deutschland ist. Der Mangel an körperlicher Aktivität führt oft zur bekannten Volkskrankheit „Rückenschmerzen" bzw. zu verschiedenen Muskelskeletterkrankungen. Aus diesem Grund kommt es meist zu Krankschreibungen oder Frühberentung. Jedoch kann die körperliche Aktivität durch Maßnahmen beeinflusst werden. |
| Methoden | Schaffung von bewegungsfreundlichen Infrastrukturen (Sport und Bewegungsmöglichkeiten), Verbesserung der intersektoralen Zusammenarbeit (z.B. zwischen Gesundheits-, Sport- und Verkehrspolitik), Ausbau der Akteure im Gesundheitswesen im Bereich der bewegungsbezogenen Gesundheitsförderung, Förderung des Qualitätsmanagments im Gesundheitssport, Ausbau des Gesundheitsüberwachung |
| Ergebnisse | Ergebnisse der Auswirkungen von körperlicher Aktivität auf die Gesundheit: Lebenserwartung steigt, Beschwerden durch Arthrose sinken, Kompetenz zur Alltagsbewältigung im Alter steigt |
| Diskussion und Schlussfolgerung | Durch Maßnahmen der Förderung Körperlicher Aktivität, ist die Bevölkerung präventiv auf Erkrankungen des Muskelskelettsystems informiert und eingestellt. Durch weitere Förderung und Verbreitung der Wichtigkeit der körperlichen Aktivität, wird das Interesse der Menschen an Bewegung, die ein mangelndes Bewegungsverhalten haben erhöht. |

Tab. 2: wissenschaftliches Forschungsergebnis 2

| | |
|---|---|
| Thema | Auswirkungen von körperlicher Aktivität auf Schmerzen im gesamten Muskelskelettsystem bei Büroangestellten (ein Jährige Studie) |
| Vollständige Quellenangabe | L.Andersen, K. B.Christensen, A.Holtermann, O. M.Poulsen, G.Sjøgaard, M. T.Pedersen, E. A.Hansen (2009). Effect of physical exercise interventions on musculoskeletal pain in all body regions among office workers. *Elsevier*. Zugriff am 14.04.2018 Verfügbar unter https://s3.amazonaws.com/academia.edu.documents/46682211/Effect_of_physical_exercise_intervention20160621-29369-1x44gnb.pdf?AWSAccessKeyId=AKIAI-WOWYYGZ2Y53UL3A&Expires=1523914154&Signature=JJ2pR2WkXJx6Rlsv2rms0POZpb0%3D&response-content- |

| | disposition=inline%3B%20filename%3DEffect_of_physical_exercise_inter-vention.pdf |
|---|---|
| Hintergund und Fragestellung | Die Studie untersucht die Auswirkungen von körperlicher Aktivität auf Schmerzen im gesamten Muskelskelettsystem. Die Durchführung wurde ausschließlich Menschen durchgeführt, die Büroarbeiten verrichten. Teilgenommen haben Menschen die während der letzten drei Monate eine Schmerzintensität von 3 oder mehr haben (auf einer Skala von 0-9) |
| Methoden | Es wurden drei Gruppen gebildet. Die erste Gruppe führte ein spezifisches Training mit Gewichten durch. Die zweite Gruppe führte ein Ganzkörpertraining ohne Equipment durch und die dritte Gruppe machte eine Theorie Schulung zur Prävention ohne körperliche Belastung. Das Training wurde ein Jahr lang durchgeführt. |
| Ergebnisse | In allen drei Gruppen bemerkten die Teilnehmer im Laufe der Zeit eine Abnahme der Schmerzintensität. Am besten war die Abnahme der Schmerzen bei den Gruppen die körperlich aktiv waren. Die dritte Gruppe, die nur eine Schulung zur Prävention durchführte, hatte im Schnitt nur eine sehr minimale Schmerzabnahme der Schmerzintensität. |
| Diskussion und Schlussfolge-rung | Im Allgemeinen ist festzustellen, dass eine hauptsächliche Schmerzreduktion im Muskelskelettsystem bei den aktiven Gruppen festzustellen war. Die aktiven Gruppen stellten einen deutlichen Rückgang der Schmerzintensität im Nacken, Rücken, Ellenbogen und an der Hand fest Man konnte nicht genau sagen, welches Training der aktiven Gruppen effektiver war, da beide Gruppen signifikant ähnlich abgeschnitten haben. Zusammengefasst kann man sagen, dass ein Ganzkörpertraining ohne Equipment oder ein Training mit Gewichten über einen längeren Zeitraum effektiv sich gegen Schmerzen auf das Muskelskelettsystem auswirkt. |

# 3  Zielgruppe

Tab. 3: Zielgruppe für das Gesundheitssportkonzept (eigene Darstellung)

| Soziodemografische Merkmale | |
|---|---|
| Geschlecht | Weiblich |
| Alter | 30-40 Jahre |
| Familienstand | Nicht relevant |
| **Sozialstatus** | |
| Bildungsgrad | Akademischer Abschluss |
| Berufliche Stellung | Führungsposition, Personalleitung |
| Einkommensverhältnisse | Nicht relevant |
| **Gesundheitszustand** | |
| Bestehende Risikofaktoren oder Erkrankungen | Low-Back-Pain-Syndrom |
| **Bewegungsverhalten** | |
| Bewegungsverhalten | Überwiegend sitzend, nicht sportlich aktiv |
| **Kontraindikatoren/ Ausschlusskriterien** | |
| Kontraindikatoren bzw. Ausschlusskriterien | Keine weiteren chronischen Erkrankungen |

Für die Zielgruppe werden Frauen zwischen 30 und 40 Jahren bestimmt, da die meisten Frauen die beschäftigt sind in diesem Alter weniger als 2,5 h pro Woche sportlich aktiv sind (Abb. 3). Der Gesundheitliche Zustand des Low-Back-Syndroms der Frauen sollte auf einer Schmerzskala von 1-10 (subjektives Empfinden) auf mindestens 5 sein, um die angestrebte Schmerzreduktion messbar zu machen.

# 4  Ziele und Inhalte

Tab. 4: Ziele und Inhalte des Gesundheitskonzepts (eigene Darstellung)

| Gesamtziel | | |
|---|---|---|
| **Inhalt:** Reduzierung der Schmerzen im Rumpfbereich<br>**Ausmaß:** Reduzierung der Schmerzen im Rumpfbereich auf einer Skala von<br>1-10 (subjektives Empfinden) um 3<br>**Zeit:** 12 Wochen | | |
| **Zieldimension Gesundheitswirkungen** | | |
| **Kernziel** | **Teilziel** | **Inhalt** |
| **1**<br>**Stärkung physischer Gesundheitsressourcen** | 1) Kraftaufbau der autochthonen Rückenmuskulatur Muskulatur<br>2) Verbesserung der Beweglichkeit (Messung nach Subjektiven Empfinden) | 1) Kraftsteigerung Rückenstrecker um 10%<br>2) Kurs für Bewegungstraining |
| **2**<br>**Verminderung von Risikofaktoren** | 1) Bewegungsmangel reduzieren<br>2) Verminderung der Risiken für degenerative Rückenerkrankungen | 1) Wissensvermittlung zum Thema Bewegung<br>2) Praxis Übungen Rückentraining |
| **3**<br>**Stärkung psychosozialer Gesundheitsressourcen** | 1) Verbesserung des Wohlbefindens<br>2) Verbesserung der Körperwahrnehmung | 2) Reflexion der Erfahrungen in den Kurseinheiten<br>1) Zielgruppenadäquate Bewegungsformen und Belastungsgestaltung |
| **4**<br>**Bewältigung von Beschwerden und Missempfinden** | 1) Bewältigung der Beschwerden des Low-Back-Syndroms<br>2) Stressreduktion | 1) Schulung der Körperwahrnehmung<br>2) Stressbewältigungskurs |

| Zieldimension Verhaltenswirkung | | |
|---|---|---|
| **Kernziel** | **Teilziel** | **Inhalt** |
| **5 Aufbau von Bindung an gesundheitssportliche Aktivität** | 1) Risiken aufzeigen<br>2) regelmäßig selbständig Sport treiben | 1) Trainingsmotivation durch aufzeigen von Risiken bei nicht sportlicher Aktivität<br>2) Vermittlung von einfachen Trainingsübungen ohne Geräte |
| Zieldimension Verhältniswirkung | | |
| **Kernziel** | **Teilziel** | **Inhalt** |
| **6 Verbesserung der Bewegungsverhältnisse** | 1) Kooperation mit Fitnessstudio<br><br>2) Beschaffung von orthopädischen Schuhwerk/ Einlegsohlen oder/und orthopädischer Schlafmatratze | 1) Vermittlung Kompetenz zur Fortsetzung des Trainings<br><br>2) Vermittlung von Kompetenzen bezüglich Schuhen und Matratzen |

# 5 Literaturverzeichnis

Bundesamt für Sport BASPO, Bundesamt für Gesundheit BAG, Gesundheitsförderung Schweiz, bfu - Beratungsstelle für Unfallverhütung, Suva, Netzwerk Gesundheit und Bewegung Schweiz (2013). *Gesundheitswirksame Bewegung.* Magglingen: BASPO. Zurgiff am 05.03.2018. Verfügbar unter https://www.hepa.ch/content/hepa-internet/de/bewegungsempfehlungen/_jcr_content/contentPar/accordion/accordionItems/weitere_dokumente/accordionPar/downloadlist/downloadItems/12_1480416084606.download/hepa_Gesundheitswirksame_Bewegung_Grundlagendok_DE.pdf

Bundesanstalt für Arbeitsschutz (2015), Prävention von arbeitsbedingter Muskel-Skelett-Erkrankungen. Zugriff am 15.04.2018. Verfügbar unter https://www.baua.de/DE/Themen/Arbeit-und-Gesundheit/Muskel-Skelett-Erkrankungen/Praevention.html

Dr. Thomas Grobe, Susanne Steinmann (2018). Gesundheitsreport Kurzübersicht Fehlzeiten. *Techniker Krankenkasse.* Zugriff am 14.04.2018. Verfügbar unter https://www.tk.de/centaurus/servlet/contentblob/940482/Datei/83469/Preview-Fehlzeiten.pdf

Krug, S., Jordan, S., Mensink, G. B. M.,Müters, S., Finger, J. D.& Lampert, T. (2013). Körperliche Aktivität. Ergebnisse er Studie zur Gesundheit Erwachsener in Deutschland (DEGS1). *Bundesgesundheitsblatt – Gesundheitsforschung – Gesundheitsschutz, 56* (5/6), 765-771. Zugriff am 06.03.2017 Verfügbar unter http://edoc.rki.de/oa/articles/repRtQDxaXz2/PDF/29NRTMbhpOAl.pdf

L.Andersen, K. B.Christensen, A.Holtermann, O. M.Poulsen, G.Sjøgaard, M. T.Pedersen, E. A.Hansen (2009). Effect of physical exercise interventions on musculoskeletal pain in all body regions among office workers. *Elsevier.* Zugriff am 14.04.2018 Verfügbar unter https://s3.amazonaws.com/academia.edu.documents/46682211/Effect_of_phy-sical_exercise_intervention20160621-29369-1x44gnb.pdf?AWSAccess-KeyId=AKIAIWOWYYGZ2Y53UL3A&Expires=1523914154&Signa-ture=JJ2pR2WkXJx6Rlsv2rms0POZpb0%3D&response-content-disposition=in-line%3B%20filename%3DEffect_of_physical_exercise_intervention.pdf

Rütten, A. & Pfeifer, K. (Hrsg.). (2017). *Nationale Empfehlungen für Bewegung und Bewegungsförderung.* Erlangen: Friedrich-Alexander Universität Erlangen-Nürnberg. Zurgiff am 05.03.2018. Verfügbar unter https://www.in-form.de/fileadmin/Dokumente/Materialien/Nationale_Empfeh-lung_fuer_Bewegung-und-Bewegungsfoerderung_BZgA_2017.pdf

S. Sandrock (2009) Muskel-Skelett-Erkrankungen mit Schwerpunkt Rücken-schmerzen – Einflussgrößen und mögliche Präventionsansätze. Düsseldorf: Institut für angewandte Arbeitswissenschaft. Zugriff am 15.04.2018. Verfügbar unter https://www.arbeitswissenschaft.net/fileadmin/user_upload/Mate-rial_WiMa/Sandrock/Muskel-Skelett-Erkrankungen_mit_Schwerpunkt_Ruecken-schmerzen_-_Einflussgroessen_und_moegliche_Praeventionsansaetze.pdf

Titze, S., Ring-Dimitriou, S., Schober, P.H., Halbwachs, C., Samitz, G., Miko, H.C., Lercher, P., Stein, K.V., Gäbler, C., Bauer, R., Gollner, E., Windhaber, J., Bachl, N., Dorner, T.E. & Arbeitsgruppe Körperliche Aktivität/Bewegung/Sport der Österreichischen Gesellschaft für Public Health (2010). Bundesministerium für Gesundheit, Gesundheit Österreich GmbH, Geschäftsbereich Fonds Gesun-des Österreich (Hrsg.). Österreichische Empfehlungen für gesundheitswirksame Bewegung. Wien: Eigenverlag. Zurgiff am 05.03.2018. Verfügbar unter https://www.gesundheit.gv.at/leben/bewegung/gesund-durch-sport/bewegungs-empfehlungen-erwachsene

# 6 Abbildungs- und Tabellenverzeichnis

## 6.1 Abbildungsverzeichnis

## 6.2 Tabellenverzeichnis

# BEI GRIN MACHT SICH IHR
# WISSEN BEZAHLT

- Wir veröffentlichen Ihre Hausarbeit,
  Bachelor- und Masterarbeit

- Ihr eigenes eBook und Buch -
  weltweit in allen wichtigen Shops

- Verdienen Sie an jedem Verkauf

## Jetzt bei www.GRIN.com hochladen
## und kostenlos publizieren